어린이 심리학

오시오 아쓰시(小塩眞司, 와세다대학교 교수) 감수 | **정혜원 옮김** | **모도로카 그림**

지경사

시작하는 글

| 오시오 아쓰시

여러분은 '마음'에 대해 어떤 생각을 가지고 있나요? 자신의 마음뿐만 아니라 친구의 마음, 선생님 또는 엄마 아빠의 마음, 그리고 반려동물의 마음에 대해 어떻게 생각하나요? 속마음을 훤히 들여다볼 수 있으면 좋겠다고 생각할 때가 있나요? 만약 속마음이 훤히 들여다보인다면 편리할지도 모릅니다.

그런데 대체 '마음'이란 무엇일까요? 마음이 어떤 상황에서 어떻게 작용하는지, 어떻게 형태를 이루고 무엇의 영향을 받아 어떻게 변화하는지, 그리고 어린이와 어른의 마음은 무엇이 다른지 등등 우리가 모르는 게 너무나 많지요.

심리학은 주로 과학적인 방법을 이용해서 마음에 관한 궁금증을 풀어 나가는 학문입니다. 하지만 경우에 따라서는 한 사람의 마음을 찬찬히 이해하거나 옛 문헌을 꼼꼼히 읽는 방법을 쓰기도 합니다.

마음은 우리 눈에 보이지 않습니다. 심리학은 이런 보이지 않는 마음을 밝혀내기 위해 오랫동안 여러 가지 방법으로 연구를 해 왔지요.

'마음이란 무엇일까?'라는 의문이 드는 것도 다 마음의 작용입니다. 그렇지만 마음은 눈으로 직접 볼 수 없기 때문에 어떻게 작용하는지는 여러 가지 단서를 통해 짐작할 수밖에 없습니다. 그런 점에서 내 안의 '마음'이 사실은 매우 불확실하고 낯설다는 것을 알 수 있습니다. 우리는 자기 마음을 잘 아는 것 같으면서도 의외로 잘 모릅니다.

인간의 활동이라면 무엇이든 연구 대상으로 삼는 것이 '심리학'이라는 학문입니다. 심리학 연구로 밝혀지는 사실은 우리 생활과도 밀접한 관련이 있지요. 나아가 심리학에 대해 안다는 것은 자기 자신에 대한 이해를 넓힌다는 뜻입니다. 이 책에 실린 이야기를 읽으며 즐겁게 마음이 작용하는 패턴을 파악하고 유용하게 활용해 봅시다.

차례

시작하는 글 | 2
심리학이란 무엇인가? | 6

제 1 장 사람들과 잘 어울리기 위한 심리학

01 어떻게 해서 좋아하게 될까? | 단순 노출 효과 | 10
02 사랑과 공포는 닮았다? | 흔들다리 효과 | 12
03 사람과 사람 사이의 거리감이란? | 사적인 공간 | 14
04 부탁하는 방법이 중요하다? | 설득 | 16
05 대단한 사람은 모든 면에서 대단한가? | 후광 효과 | 18

제 2 장 자신과 상대를 이해하기 위한 심리학

06 성격이란 무엇일까? | 성격 | 22
07 성격에 유형이 있다? | 성격 유형론 | 24
08 성격을 수치로 나타낼 수 있다? | 성격 특성론 | 26
09 검사로 성격을 알 수 있다? | 성격 검사 | 28
10 정체성이란 무엇일까? | 정체성 | 30
11 인간은 평생에 걸쳐 발달한다? | 생애 주기 | 32
12 인간의 욕구는 변화한다? | 욕구 단계설 | 34
13 무의식이란 무엇일까? | 무의식 | 36
14 꿈으로 무엇을 알 수 있나? | 꿈 분석 | 38

제 3 장 공부할 의욕이 생기는 심리학

15 기억은 어떤 순서로 이루어질까? | 장기 기억 | 42
16 한 번에 몇 개까지 기억할 수 있나? | 마법의 숫자 7±2 | 44
17 기억은 사라진다? | 망각 곡선 | 46
18 맥락 효과란 무엇일까? | 맥락 효과 | 48
19 뇌가 속는다? | 착시 | 50
20 무력감을 학습한다? | 학습된 무력감 | 52

- **21** 왜 미신을 믿나? | 미신 행위 | 54
- **22** '기대'를 받으면? | 피그말리온 효과 | 56
- **23** 의욕을 북돋우려면? | 동기 부여 | 58

제 4 장 인간의 무서운 습성을 알 수 있는 심리학

- **24** 자리가 사람을 바꾼다? | 스탠퍼드 감옥 실험 | 62
- **25** 모순이 생기면? | 인지 부조화 | 64
- **26** 다른 사람 의견에 맞춘다? | 동조 | 66
- **27** 우리 편이 최고다? | 내집단과 외집단 | 68
- **28** 선택적 믿음 때문? | 확증 편향 | 70
- **29** 인간은 왜 잔인해질까? | 복종 실험 | 72
- **30** 방관자 효과란 무엇일까? | 방관자 효과 | 74
- **31** 소문은 어떻게 퍼질까? | 소문(R=i×a) | 76
- **32** 가짜 기억을 만든다? | 가짜 기억 | 78

제 5 장 행복해지기 위한 심리학

- **33** 이상적 자아란 무엇일까? | 이상적 자아와 현실적 자아 | 82
- **34** 마음의 병이 있다? | 우울증 | 84
- **35** 마음을 잘 다루는 사람들이 있다? | 상담심리사/ 정신과 의사 | 86
- **36** 인지 치료란 무엇일까? | 인지 치료 | 88
- **37** 마음챙김이란 무엇일까? | 마음챙김 | 90
- **38** 행복해지기 위해서는? | 몰입 | 92

주요 참고 도서 | 95
찾아보기 | 96
시리즈에 대하여 | 98

심리학이란 무엇인가? | 오시오 아쓰시

'심리학'이라고 하면 뭔지 모를 이상한 '재주'를 부려 마음을 읽는 학문처럼 느껴지나요? 하지만 심리학 연구는 결코 이상한 기술을 쓰지 않습니다.

심리학에서 자주 쓰이는 연구 방법 중 하나가 실험입니다. '실험' 하면 먼저 과학 실험이 떠오를지도 모릅니다. 컵을 두 개 준비해서 한쪽에는 뜨거운 물, 다른 한쪽에는 차가운 물을 똑같은 양으로 담습니다. 각각에 설탕을 넣으면 어느 컵에서 더 많이 녹을까요? 물론 뜨거운 물이 담긴 컵이겠지요. 심리학에서 하는 실험도 이와 비슷한 방법으로 이루어집니다.

이번에는 따뜻한 교실과 추운 교실을 예로 들어 보겠습니다. 두 교실에서 같은 학년의 초등학생들에게 같은 수업을 합니다. 그리고 같은 시험을 보게 합니다. 어느 교실 학생이 더 시험을 잘 봤을까요? 만약 따뜻한 교실에서 수업을 받은 학생들의 성적이 더 좋았다면 교실의 따뜻함이 수업의 이해도나 공부의 효

율성에 좋은 영향을 끼쳤다고 결론을 내려도 될까요?

이 실험은 두 조건을 비교하는 것입니다. 그런데 물에 설탕을 녹이는 실험과 달리 사람을 대상으로 실험하는 경우에는 여러 가지 요소를 고려해야 한다는 사실을 눈치챘을 것입니다. 예를 들어 두 교실에 있던 학생들의 학습 능력은 처음부터 같았을까요? 따뜻한 교실에서 배운 학생들의 성적이 원래부터 더 좋았을 가능성은 없을까요? 수업 내용은 같아도 선생님이 달랐다면 어떨까요? 또는 같은 선생님이 수업했다고 해도 같은 수업을 반복하다 보면 나중에 한 수업이 더 나았을지도 모릅니다. 심리학 연구에서는 이런 점들을 여러모로 고려해서 실험을 진행해 나갑니다.

그 밖에도 설문 조사나 관찰, 면담 등 많은 연구 방법을 이용합니다. 연구 방법마다 고려해야 할 점이 제각각 달라서 더 정확한 결과를 얻기 위해 고민하며 진행한답니다.

제 **1** 장

사람들과 잘 어울리기 위한 심리학

01
제1장
사람들과 잘 어울리기 위한 심리학

어떻게 해서 좋아하게 될까?

인기쟁이  되려면…

자주 보거나 만나다 보면 점점 좋아진다.

자주 보는 사람이나 사물일수록 좋아진다!

제 1 장
사람들과 잘 어울리기 위한 심리학

여러분은 모르는 사람보다 아는 사람에게 더 친근감을 느끼지 않나요? '모르는 사람보다 친한 사람이 좋은 것은 당연하다'고 생각하는 사람도 있겠지요. 그러나 심리학에서는 모르는 사람이라고 해도 '**자주 보고 자주 접하는 사람(사물)일수록 친근감이 든다**'는 사실이 밝혀졌습니다. 이것을 **단순 노출 효과**라고 합니다.

심리학자 로버트 자이언스는 실험에 연구 대상으로 참여하는 **피험자**에게 낯선 사람들의 얼굴 사진을 여러 번 보여 주었습니다. 그 결과 많이 보여 준 얼굴 사진일수록 호감도가 높아졌습니다. 이 현상은 인간에게만 나타나는 것이 아닙니다. 생쥐에게 서로 다른 작곡가의 음악을 반복해서 들려주었더니 마찬가지로 반복해서 들었던 작곡가의 음악을 선호했다는 실험 결과도 있습니다.

텔레비전을 시청하다 자주 보던 광고 속 상품이 점점 갖고 싶어졌던 적이 있나요? 이것도 단순 노출 효과입니다. 여러분도 누군가의 호감을 사고 싶다면 그 사람 가까이 머물러 보세요.

용어 단순 노출 효과

인물 로버트 자이언스

 단순 노출 효과는 이미 나를 충분히 아는 사람에게는 별로 소용이 없나 봐. 이 효과를 이용하려면 처음 보는 사람이나 별로 친하지 않은 사람을 골라야겠어.

사랑과 공포는 닮았다?

제 1 장 — 사람들과 잘 어울리기 위한 심리학

공통점은 두근거림

무서울 때의 두근거림과 사랑할 때의 두근거림은 헷갈리기 쉽다!

두근거림은 사랑의 징조?

좋아하게 되는 것이 나중이라고?

제 1 장

사람들과 잘 어울리기 위한 심리학

용어 흔들다리 효과

인물 도널드 더튼, 아서 아론

좋아하는 사람이 옆에 있거나 다가오면 가슴이 두근거렸던 적이 누구나 한 번쯤 있을 것입니다.

흔들다리 효과란, 무서울 때의 두근거림을 '사랑할 때의 두근거림'과 헷갈리는 심리 현상을 말합니다. 흔들다리나 출렁다리를 건널 때면 불안과 흥분으로 심장이 빨리 뛰기 마련인데 그때 옆에 이성이 있으면 두근거리는 것이 사랑 때문이라고 착각하게 됩니다.

좋아하는 사람이 옆에 있어서 심장이 두근거리는 것과 달리 흔들다리 효과는 두려움, 불안, 긴장, 흥분 때문에 생깁니다. 다만, 처음 보는 사이에서는 쉽게 나타나지만 이미 아는 사이에서는 잘 나타나지 않는다고 합니다.

흔들다리 효과와 비슷한 이론으로 **암흑 효과**도 있습니다. 칠흑 같은 어둠 속에서 마음이 불안해져 누군가에게 기대고 싶은 욕구를 강하게 느끼는 심리 현상을 말합니다. 게다가 주위가 어두우면 자신의 외모를 신경 쓸 필요도 없어 낯선 사람과의 거리를 쉽게 좁힐 수 있답니다.

 불꽃축제 때 불꽃이 터지는 소리도 흔들다리 효과와 비슷한 심리를 일으킨다고 주장하는 사람이 있대.

사람과 사람 사이의 거리감이란?

상대가 누구냐에 따라 편하게 느껴지는 거리가 다르다.

가끔 줄을 설 때

- 3.5m 이상
- ◁ 3.5m
- 무궁화꽃이 피었습니다.
- 45cm~1.2m
- ▽ 45cm
- ▽ 1.2m
- 45cm 이내
- 안녕하세요! 1.2m~3.5m

자기만의 공간이 있다!

쓸데없이 바짝 붙는 사람이 있더라.

여러분 중에는 붐비는 지하철이나 버스에 탔다가 기분이 상하는 경험을 한 사람도 있을 것입니다. 지하철이나 버스 안에서는 다른 승객과 어느 정도 거리가 떨어져 있어야 덜 불편합니다.

이처럼 **타인이 침범하면 불쾌하게 느껴지는 공간의 범위를 사적인 공간**(퍼스널 스페이스)**이라고 합니다.** 사람은 낯선 사람으로부터 사적인 공간을 지키기 위해 자신도 모르게 타인과 떨어져 있으려고 합니다.

미국의 문화 인류학자 에드워드 홀은 사적인 공간을 4가지로 분류했습니다. 가족이나 연인처럼 아주 친한 사람에게만 허용된 **친밀한 거리**(~45cm), 친구처럼 어느 정도 친한 사람에게 허용된 **개인적 거리**(45~120cm), 학생과 선생님처럼 사회적인 관계에 허용된 **사회적 거리**(120~350cm), 낯선 사람에게도 허용된 **공적인 거리**(350~750cm)입니다.

다만, 사적인 공간은 문화나 국가, 성별이나 개인의 성격에 따라 다르므로 반드시 4가지로 분류할 수 있는 것은 아닙니다.

용어 사적인 공간

인물 에드워드 홀

 교토의 가모가와 강둑은 같은 간격으로 떨어져 앉아 있는 커플들의 모습으로 유명해. 서로 사적인 공간을 지키는 것인데 이것을 '가모가와 등간격의 법칙'이라고 한대.

04

제 1 장 사람들과 잘 어울리기 위한 심리학

부탁하는 방법이 중요하다?

부탁을 받으면  거절할 수가 없어…

상대의 요구를 무심코 받아들이고 만다.

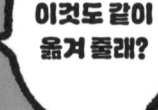
이것도 같이 옮겨 줄래?

OK!

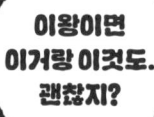
이것도 있었네! 부탁해!

으응…

이왕이면 이거랑 이것도. 괜찮지?

16

부탁하는 순서를 생각하자!

아, 기술을 쓰고 있었구나.

제 1 장 사람들과 잘 어울리기 위한 심리학

용어 설득

인물 스콧 프레이저, 조너선 프리드먼 등

풋 인 더 도어는 '문간에 발 들여놓기'라는 기술입니다. **우선 작은 요구를 한 다음 그것이 받아들여지면 원래 하려고 했던 큰 요구를 하는 방법인데, 그렇게 하면 요구가 받아들여질 가능성이 높아집니다.** 예를 들어 친구가 100원만 빌려달라고 부탁하면 아마 '100원 정도는 괜찮지.'라고 생각하는 사람이 많을 것입니다. 그런데 100원에서 200원, 200원에서 500원, 500원에서 1000원으로 점점 액수가 늘어난다면 어떤가요? 빌려주는 사람은 '전에도 빌려주었으니 괜찮아.'라며 돈을 빌려주기 쉽습니다. 이것은 끝까지 자신의 말과 행동에 일관성을 유지하려는 심리(**일관성의 원리**)에서 비롯된 현상입니다.

도어 인 더 페이스는 '문에 얼굴부터 들이밀기'라는 기술입니다. **처음에는 상대가 거절할 만큼 '큰 요구'를 했다가 상대가 미안해하면 '작은 요구'를 해서 받아들이게 만드는 방법**입니다. 한편, **처음에는 좋은 조건을 제시해 상대가 수락하게 만든 다음 나쁜 조건을 추가해 원래 하려던 요구를 받아들이게 만드는 방법**도 있습니다. 이것은 '낮은 공 던지기'라는 뜻의 **로우 볼** 기술입니다.

 위의 3가지 기술은 상품을 파는 사람들이 일상적으로 쓰는 방법이래. 심리학에서 유명한 3가지 설득 이론이지.

대단한 사람은 모든 면에서 대단한가?

모두 나를 어떻게 생각하고 있을까?

장점이나 개성이 있으면 다른 것들도 모두 다 좋아 보인다.

섣부른 믿음이 과대평가를 낳는다!

착해 보인다니… 그게 다야?

용어 후광 효과

인물 에드워드 손다이크

후광 효과(헤일로 효과)란, **어느 한 가지 장점 때문에 다른 점도 높이 평가하기 쉬운 심리**를 말합니다. '저 사람은 얼굴이 잘생겼으니 틀림없이 머리도 좋고 운동신경도 뛰어날 거야.'라고 믿었는데 알고 보니 별로 그렇지 않았던 적이 있나요? 인기 연예인이나 운동선수가 나오는 광고는 후광 효과를 이용한 일반적인 사례입니다. 좋아하는 유명인이 광고에 나오면 그 상품이나 기업에도 호감을 갖게 되지요.

반대로 **단점 하나가 다른 점의 평가도 낮추는 것을 뿔 효과라고 합니다.** 어쩌다 보니 더러운 옷을 입고 있었다고 합시다. 그것만으로도 주변 사람들에게 '사람이 어두워 보인다' '단정하지 못한 것 같다'라고 비판을 받을 수 있습니다. 옷 때문에 인격과 생활 태도에 대한 이미지까지 깎인 것입니다.

겉모습을 쉽게 믿는 사람일수록 후광 효과에 잘 속는다고 합니다. 여러분도 사람이나 사물을 평가하거나 무언가를 고를 때 잠시 생각과 행동을 멈추고 '겉모습만으로 판단하는 것은 아닐까?'라고 스스로에게 물어보세요.

 '후광'은 예수님이나 부처님 같은 성자를 감싸고 있는 빛을 의미해. 영어로는 '헤일로(halo)'라고 하지. 그리고 뿔 효과에서 '뿔'은 '악마의 뿔'을 의미한대.

제 2 장
자신과 상대를 이해하기 위한 심리학

성격이란 무엇일까?

태어날 때부터 정해져 있을까?

성격을 만드는 것은 대체로 유전 반, 환경 반.

유전과 환경이 성격을 만든다!

심리학에서는 **인간의 성격**이 '**유전**'과 '**환경**'에 의해 **결정된다**고 알려져 있습니다. 비율로 따지면 **유전적인 영향이 약 40~50%, 환경적인 영향이 약 50%**로 거의 비슷합니다.

환경의 영향을 받는다는 말에 '역시 가정 환경이 중요해.'라고 생각하는 사람도 있을 것입니다. 하지만 같은 가정에서 자란 형제라도 성격이 같지는 않습니다. 아이는 성장하면서 스스로 환경을 선택합니다. 이 단계에서 사귄 친구나 동료와의 관계가 성격 발달과 형성에 큰 영향을 미칩니다.

물론 가정 환경이 개인의 성격 형성에 큰 영향을 미치는 것도 사실입니다. 특히 부모는 아이의 행동에 따라 다르게 반응하기 마련인데 그것이 아이의 성격을 크게 좌우합니다. 예를 들어 말을 안 듣고 까부는 아이는 자주 혼나서 성격이 거칠어질 수 있습니다. 반대로 말을 잘 듣고 얌전한 아이는 별로 혼나지 않아서 성격이 차분할 수 있습니다. 이처럼 가정 환경 자체도 부모 자식의 관계나 성격에 영향을 받아 변화한답니다.

 '유전적인 영향이 40~50%'라고 해서 아이가 부모의 특징 절반을 고스란히 물려받는 것은 아니야. 부모의 유전자가 섞여 새로운 특징으로 나타난대.

07

제 2 장 자신과 상대를 이해하기 위한 심리학

성격에 유형이 있다?

나는 어떤 유형일까?

인간의 성격은 몇 가지로 나눌 수 있다.

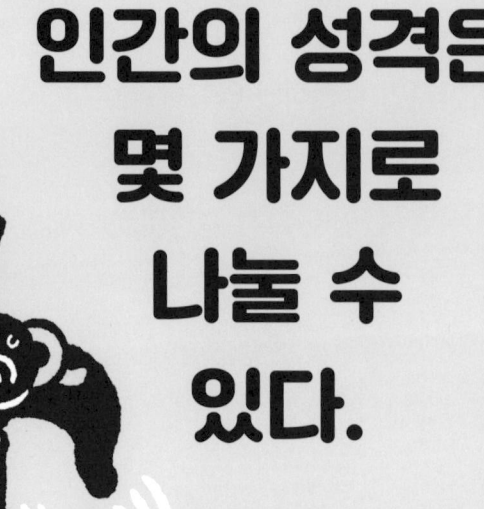

내향형

외향형

일시적인 감정에 휘둘리지 말자

크게 두 가지로  나눌 수 있지.

제 2 장 자신과 상대를 이해하기 위한 심리학

'저 사람은 이런 타입이니까…….'라고 누군가의 성격을 판단한 적이 있나요? **심리학에도 성격을 몇 가지로 나누는 유형론이 있습니다.**

독일의 정신의학자 에른스트 크레치머는 인간의 성격을 **분열 기질**(비사교적, 괴짜), **조울 기질**(사교적, 친절), **간질 기질**(집중력이 좋음, 꼼꼼함)로 분류했습니다. 또한 독일의 심리학자 에두아르트 슈프랑어는 **이론형**(진리를 중시), **경제형**(이익을 중시), **심미형**(아름다움을 중시), **종교형**(신비로움을 중시), **권력형**(지위를 중시), **사회형**(애정을 중시)의 6가지로 분류했습니다.

한편, 스위스의 정신 분석학자 카를 구스타프 융은 바깥 세계에 흥미가 있는 **외향형**과 자기 자신에게 흥미가 있는 **내향형**으로 분류했습니다. 이것을 다시 '사고' '감정' '감각' '직관'의 4가지 심리 기능과 조합해 8가지 성격 유형을 제시했습니다. 그에 따라 사람을 8가지 유형으로 나눌 수 있는데, 같은 내향형이라도 깊이 사고하는 것을 중요하게 여기는 타입과 스스로의 직관을 중요하게 여기는 타입 등으로 나뉜답니다.

용어 성격 유형론

인물 에른스트 크레치머 등

 유형론은 로마 제국 시대 그리스의 의학자 갈레노스가 다혈질, 담즙질, 흑담즙질(우울질), 점액질의 4가지 기질을 제시한 것에서 비롯되었대.

08 제2장 자신과 상대를 이해하기 위한 심리학

성격을 수치로 나타낼 수 있다?

성격을 요소별로 나누어 보면…

개인의 특성에 점수를 매기고 조합해서

개방성

우호성

성격을 진단할 수 있다.

성실성

수치를 조합하여 성격을 나타낸다!

각자 자신만의 균형이 있지.

특성론이란, **인간이 가진 다양한 성격의 특성을 수치를 조합해서 나타내는 이론**입니다. 예를 들어 **'성실함=2' '밝음=6' '예민함=5'와 같이 점수를 매기는 것**이지요.

특성론 중에서 가장 유명한 것이 미국의 심리학자 루이스 골드버그가 제시한 **빅 파이브 이론**입니다. 빅 파이브 이론은 인간의 성격을 '우호성' '성실성' '개방성' '신경성' '외향성'이라는 5가지 특성의 조합으로 나타냅니다. 빅 파이브 이론을 이용한 성격 진단은 **유형론보다 촘촘하며 개인의 성격을 객관적으로 나타낼 수 있다**고 평가받습니다.

그러나 5가지 특성만 다루므로 개인의 성격 전체를 알기는 어렵고 그 사람이 가진 독창적인 면, 개성을 놓칠 수 있다는 단점도 있습니다.

인간의 성격은 틀에 박힌 것이 아닙니다. 성급한 사람은 충동을 억누르고 소극적인 사람은 다른 사람과 적극적으로 어울려 봅시다. 그러다 보면 삶을 사는 방식이나 겉으로 드러나는 성격을 서서히 바꿀 수 있습니다.

용어: 성격 특성론

인물: 루이스 골드버그

 일본 등 외국에서 이루어진 최근 연구에서는 빅 파이브 이론의 5가지 특성이 모두 유전과 환경에 큰 영향을 받는다는 사실이 밝혀졌어.

검사로 성격을 알 수 있다?

제2장 자신과 상대를 이해하기 위한 심리학 09

모두에게 알려지는 것은 창피해…

자기 성격을
알 수 있는
검사가 있다.

다양한 성격 검사가 있다!

살짝 거짓말을 해 버렸어.

제 2 장 자신과 상대를 이해하기 위한 심리학

용어 성격 검사

성격 검사란, 인간의 성격을 객관적으로 평가하고 진단하는 테스트로 신뢰성(결과의 안정성)과 타당성(정확성)을 갖추어야 합니다. 주로 **질문지법**, **투영법**, **작업 검사법**의 3가지 방법이 쓰입니다.

질문지법은 자신의 성격을 묻는 질문에 '그렇다' '아니다' '보통이다' 등으로 대답하는 검사입니다. 550개의 질문에 '그렇다' '아니다'로 대답하는 **미네소타 다면적 인성 검사**나, 빅 파이브 이론에 따른 **빅 파이브 검사** 등이 있습니다.

투영법은 그림 등을 보고 어떻게 반응하는지 살펴 성격이나 욕구를 파악하는 검사입니다. 잉크 얼룩을 보여 주고 무엇으로 보이는지 묻는 **로르샤흐 검사**나 인물이 그려진 그림을 보여 주고 이야기를 만들게 하는 **주제 통각 검사**, 미완성 문장을 완성하게 하는 **문장 완성 검사**가 있습니다.

작업 검사법은 응답하는 사람의 작업 방법이나 결과를 바탕으로 그 사람의 성격이나 능력 등을 측정합니다. 간단한 덧셈을 시킨 다음 그 결과로 성격이나 능력 등을 측정하는 **우치다-크레페린 검사**가 유명합니다.

 질문지법은 흔히 쓰이는 검사법이지만 응답하는 사람이 거짓말을 하면 검사 결과를 제대로 알 수 없다는 단점이 있대.

29

정체성이란 무엇일까?

왠지 멋져… 그런데 뭘까?

정체성이란, 자신이 누구인지 이해하고 다른 사람과 구별하는 것.

'나는 나'라는 확신!

제 2 장
자신과 상대를 이해하기 위한 심리학

용어 정체성

인물 에릭 에릭슨

'**나**는 누구일까?'라고 생각한 적이 있나요? 심리학에서는 **'나는 나'라는 확신을 갖는 일, 또는 자신이 누구인지 이해하고 자신을 다른 사람과 구별할 수 있는 상태**를 아이덴티티(identity), 즉 **정체성(자기 동일성)**이라고 합니다.

많은 사람이 청소년기(12~20세)에 '나는 무엇 때문에 사는 걸까?'라는 의문을 품습니다. 정체성 이론을 제시한 미국의 정신 분석학자 에릭 에릭슨은 청소년기부터 청년기(20~40세)까지의 기간을 정체성 확립을 위한 **모라토리엄**(유예 기간)이라 부르고, 사회 속에서 자신의 역할이나 가치, 자신이 설 자리 등을 찾기 위해 경험을 쌓는 일(**역할 실험**)이 중요하다고 주장했습니다.

그런데 요즘 같은 정보화 시대에는 사회 흐름이 빨라지고 복잡해져 정체성을 찾기가 점점 어려워지고 있습니다. 이처럼 자아 정체감이 혼란스러운 상태를 가리켜 **정체성 혼미**라고 합니다. 은둔형 외톨이나 조기 퇴직자의 증가 같은 문제도 이 정체성 혼미에서 일부 원인을 찾을 수 있습니다.

 에릭슨에 따르면, 정체성이 혼미하면 희망을 잃거나 자의식 과잉에 빠지고 집중력이 떨어지는 등의 증상이 나타난대.

인간은 평생에 걸쳐 발달한다?

제 2 장
자신과 상대를 이해하기 위한 심리학

11

'어른'이 되라고 하지만…

인간은 태어나서 죽을 때까지 8개의 단계를 거친다.

마음은 나이와 함께 변화한다!

레벨은 저절로 올라가지 않아.

제 2 장 자신과 상대를 이해하기 위한 심리학

생애 주기란, **인간이 사회 속에서 발전하며 풀어야 할 과제를 8단계로 설명한 이론**입니다.

에릭슨에 따르면, 인간의 마음은 8단계의 생애 주기 속에서 새로운 것을 알고 과제를 해결하며 성장합니다.

①영아기(0~1세)는 주변 사람이 안전하다는 것을 알고 믿음을 형성하는 단계입니다. ②유아기(1~3세)는 자신이 할 수 있는 일과 할 수 없는 일을 구별하는 단계입니다. ③유치기(3~6세)에는 자기 스스로 한 행동이 어떤 결과를 낳는지 배웁니다. ④아동기(6~12세)에는 열심히 하면 칭찬받지만 잘못하면 꾸중을 듣는다는 것을 알게 됩니다. ⑤청소년기(12~20세)에는 **정체성**의 혼란과 확립 사이에서 삶의 의미를 찾습니다. ⑥청년기(20~40세)는 삶의 목적과 방향을 찾는 단계입니다. ⑦중장년기(40~65세)는 자녀를 키우고 다음 세대를 이끄는 단계입니다. ⑧노년기(65세 이상)는 자신의 삶을 돌아보고 의미를 발견하는 단계입니다. 이처럼 인간은 나이에 따른 변화와 발달을 겪으며 살아갑니다.

용어 생애 주기

인물 에릭 에릭슨

 에릭슨은 각 단계에 주어진 과제를 그때그때 달성하지 못해도 살아가면서 달성할 수 있다고 생각했대. 오히려 모든 과제를 단번에 해결하는 것이 더 어려울지도 몰라.

12

제 2 장
자신과 상대를
이해하기 위한
심리학

인간의 욕구는 변화한다?

자도 자도 졸려…

실현하는 것, 자신의 가능성을 최고의 욕구는 생긴다. 또 다른 욕구가 하나의 욕구가 채워지면

성장함에 따라 욕망이 달라진다!

인간은 욕심이 많구나.

미국의 심리학자 에이브러햄 매슬로는 **인간을 자신의 가능성을 실현하기 위해 끝없이 성장하는 존재라고 생각했습니다. 그리고 인간의 욕구를 5단계의 피라미드로 나타냈습니다**. 이것이 욕구 단계설이며 이에 따르면, 아래 단계의 욕구가 어느 정도 채워지면 윗단계의 욕구가 생겨납니다.

1단계는 생리적 욕구로 음식을 먹고 싶은 마음, 잠을 자고 싶은 마음 등이 해당합니다. 이 욕구가 채워지면 2단계인 안전과 안정 욕구가 생겨 위험을 피하고 싶고 건강하게 살고 싶어집니다. 이 욕구가 채워지면 3단계인 소속과 애정 욕구가 생깁니다. 그래서 학교와 사회에 소속되고 싶고 친구와 가족에게 사랑받고 싶어집니다. 이 욕구도 채워지면 4단계인 존중 욕구가 생겨 다른 사람에게 존중받고 싶고 모두에게 존경받고 싶어집니다. 이것까지 채워지면 마지막으로 5단계인 자아실현 욕구에 이릅니다. 이 단계에서는 나답게 살고 싶어지고 아직 발견하지 못한 자신의 힘을 최대한 발휘하고 싶어집니다. 매슬로는 **자아실현 욕구야말로 인간의 최고 욕구**라고 주장했습니다.

제 2 장 자신과 상대를 이해하기 위한 심리학

용어 욕구 단계설

인물 에이브러햄 매슬로

 1단계부터 4단계까지의 욕구를 '결핍 욕구'라고 하는데, 그 욕구는 자기 바깥에 있는 요소로만 채울 수 있대.

무의식이란 무엇일까?

제2장 자신과 상대를 이해하기 위한 심리학

13

어디서부터가 무의식이지?

무의식은 인간의 일상적인 행동이나 생각에 은근히 그러나 확실하게 영향을 준다.

지각이야. 서두르자~

- 핸들을 오른쪽으로 틀어 오른쪽으로 돌자.
- 엉덩이를 들고 상체를 앞으로 숙이자.
- 비탈길 확인!
- 허벅지를 들어 올리자.
- 오른발은 위로, 왼발은 아래로!

36

나를 움직이는 것은 무의식?!

숨겨진 마음이 있다고?

용어 무의식

인물 지그문트 프로이트

인간은 무의식중에 여러 행동을 합니다. 하지만 '아니야. 나는 내가 하려는 일을 똑똑히 의식하고 행동해.'라고 생각하는 사람도 많겠지요.

자전거 탈 때 어떻게 타는지 의식하면서 타나요? 자전거를 잘 타는 사람이라면 그럴 리 없지요. **우리는 무의식적인 감각이나 판단에 따라 행동하며 삽니다.**

오스트리아의 정신 분석학자인 지그문트 프로이트는 무의식에 주목해 **인간의 마음이 의식, 전의식, 무의식으로 나뉘어 있다**고 주장했습니다. 의식은 스스로 의식할 수 있는 영역이고 전의식은 의식과 무의식 사이에 있어 떠올리려고 노력하면 떠올릴 수 있는 영역입니다. 그리고 무의식은 우리 의식이 닿지 않는 영역인데, 사실 3개의 층 중에서 가장 큰 부분을 차지합니다.

프로이트에 따르면, 문득 떠오른 생각이나 사소한 말실수, 꿈 같은 것도 모두 무의식과 관련이 있습니다. 뇌는 불쾌한 기억이 있으면 무의식 속으로 밀어 넣어 **억압**하는데, 그렇게 무의식 속으로 밀려난 과거의 **트라우마**가 마음의 병을 일으키는 주요 원인이라고 합니다.

 프로이트의 무의식이라는 개념은 수치로 나타내거나 눈앞에 보여 줄 수 없어서 비판하는 사람도 많았대.

14

제 2 장
자신과 상대를 이해하기 위한 심리학

꿈으로 무엇을 알 수 있나?

어제 꾼  꿈은…

꿈을 분석하면 속마음을 알 수 있다?

꿈에는 역할이 있다!

마음이 보내는 메시지라니…

제 2 장 자신과 상대를 이해하기 위한 심리학

용어 꿈 분석

인물 카를 구스타프 융

꿈분석이라는 말에 관심을 보이는 사람이 많을 것입니다. '꿈은 **무의식**으로 가는 지름길'이라는 프로이트의 유명한 말이 있습니다. 프로이트에 따르면, **꿈에는 우리 마음속의 소망뿐만 아니라 불안도 담겨 있습니다.** 그것들은 우리가 놀라지 않게 꿈으로 모습을 바꾸어 나타난다고 합니다.

한편, 프로이트의 제자인 스위스의 정신 분석학자 융은 '꿈은 마음이 보내는 메시지'라고 생각했습니다. 그래서 꿈에서 얻은 단서로 자아를 실현하기 위해 꿈을 분석했지요. 융 이후에도 잠과 꿈의 역할에 관한 연구가 계속되었습니다. 컴퓨터 과학 분야에서는 **잠이란, 낮 동안 뇌에 입력된 기억을 정리해 이전 기억에 추가하는 시간**이라는 주장이 나왔습니다.

그런데 최근 연구에 따르면, 꿈은 잠든 뇌가 아주 잠깐 의식과 이어졌을 때 꾸는 것입니다. 우리는 그 정보를 정리하는 과정의 극히 일부만 기억하는 것이지요. 따라서 꿈을 분석하면 상대를 어느 정도 알 수는 있지만 그 사람을 완전히 이해하거나 그 사람이 가진 마음의 문제를 완벽하게 해결하기는 어렵습니다.

 꿈에 개인적인 갈등이나 소망이 나타나는 건 확실한 듯하지만 현재는 프로이트와 융의 주장에 부정적인 의견이 많대.

제 3 장

공부할 의욕이 생기는 심리학

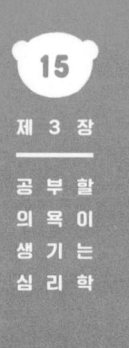

기억은 어떤 순서로 이루어질까?

안녕! 반가워. 내 이름은 하루야.

정보는 일시적으로 뇌에 보관되었다가 사라진다. 하지만 반복해서 확인하면 완전히 저장된다.

'기억'하기 위한 과정이 있다!

반복하는 게 효과적이구나.

제 3 장 공부할 의욕이 생기는 심리학

용어 장기 기억

한자나 영어 단어를 금방 잊어버리고 사회나 과학처럼 외울 게 많은 과목을 싫어한다면 **기억**의 원리를 아는 것이 도움이 될지 모릅니다. 기억은 밖에서 받아들인 정보를 입력하는 **부호화**, 입력한 정보를 유지하는 **저장**, 그리고 저장한 정보를 꺼내는 **회상**(상기)의 3단계로 이루어집니다.

　기억에도 종류가 있습니다. 아주 잠깐 정보를 저장하는 **감각 기억**, 몇 초에서 몇십 초만 정보를 저장하는 **단기 기억**, 오랫동안 많은 정보를 저장하는 **장기 기억**으로 나눌 수 있습니다. 물론 암기에서는 장기 기억이 가장 중요합니다.

외운 것을 장기 기억으로 저장하려면 정보를 반복해서 단기 기억에 저장해야 합니다. 뇌에 기억을 정착시켜 장기 기억으로 바꿔야 하기 때문입니다. 기억하고 싶은 것을 반복해서 적거나 읊는 것이 효과적이겠지요. 한편, 장기 기억에는 '오늘 ○○했다' '한국의 수도는 서울'과 같이 언어로 표현할 수 있는 **서술 기억**(선언적 기억)과 자전거 타는 법, 헤엄치는 법과 같이 언어로 설명할 수 없는 **절차 기억**이 있습니다.

 처음 수판셈을 배울 때는 서술 기억을 쓰지만, 머릿속으로 암산하게 되면서 절차 기억으로 넘어간대. 그러면 배운 것이 쉽게 잊혀지지 않는대.

한 번에 몇 개까지 기억할 수 있나?

첫 글자만 따면  외우기 쉽지만

한 번에 기억할 수 있는 개수는 7개. 하지만 정보를 덩어리로 만들면 더 많이 기억할 수 있다.

7개보다 많이 기억하는 비법이 있다!

뜻이 이상해지는 경우도 있지.

여러분은 외우기에 자신이 있나요? 암기력을 높이는 비법이 있다면 많은 사람이 배우고 싶어 하겠지요.

미국의 인지 심리학자 조지 밀러는 **마법의 숫자 7±2**라는 개념을 발표했습니다. 이것은 **인간의 단기 기억**이 한 번에 7±2(5~9)개만 기억할 수 있다는 이론입니다. 밀러는 정보의 덩어리를 **청크**(chunk)라 부르고 '7개의 청크'를 이용하면 단기 기억을 활성화할 수 있다고 주장했습니다.

예를 들어 '28204875'라는 8개의 숫자를 외울 때 하나씩 외우면 '8청크'가 되어 잘 외워지지 않겠지요. 하지만 이 숫자를 발음이 비슷한 다른 말과 연결하여 세 덩어리로 나누면 어떨까요? '이빨이(282)' '공사판(048)' '치료(75)'라고 외우면 8청크에서 '3청크'로 줄어들어 훨씬 외우기 쉽습니다. 이처럼 덩어리로 만드는 것을 **단위화** 또는 **청킹**이라고 합니다.

암기 과목을 공부할 때 단위화를 염두에 두면 효율적으로 외울 수 있으니 시도해 봅시다.

 2001년, 심리학자 코원은 인간이 외울 수 있는 청크가 4±1개라고 발표했어. 현재는 '마법의 숫자 4±1' 또는 '마법의 숫자 3'이라고 하는 경우가 많대.

기억은 사라진다?

1시간 만에 약 60%의 기억이 사라진다.

새로운 기억일수록 잘 잊어버린다!

쓸데없는 건   기억하면서…

제 3 장 공부할 의욕이 생기는 심리학

용어 망각 곡선

인물 헤르만 에빙하우스

여러분 중에는 평소 뭔가를 자주 잊어버리는 경우도 있을 것입니다. 하지만 걱정할 필요 없습니다. 인간의 망각은 당연한 현상이니까요.

세계에서 처음으로 기억을 과학적으로 연구한 사람은 독일의 심리학자 헤르만 에빙하우스입니다. 그는 'DAR' 'SUJ'처럼 무작위로 나열된 알파벳을 외운 다음 얼마나 오래 기억에 남아 있는지 관찰했습니다. 그 결과 **겨우 20분이면 40퍼센트 이상이 떠오르지 않고, 1시간 후에는 약 60퍼센트, 하루가 지나면 약 70퍼센트를 잊는다**는 사실을 알았습니다.

시간 경과에 따른 망각의 비율을 그래프로 나타내자 처음에는 기억이 빨리 사라지지만 시간이 갈수록 잊는 속도가 느려지는 것을 확인할 수 있었습니다. 이 그래프를 **에빙하우스의 망각 곡선**이라고 합니다. 에빙하우스의 실험을 통해 복습이 얼마나 중요한지 알았지요? 공부하고 나서 복습하지 않으면 내용을 잊기 쉽고, 다시 배우려면 처음 배웠을 때만큼 노력해야 합니다. 하지만 복습을 하면 장기 기억으로 바뀌어 잘 잊히지 않는 정보가 된답니다.

 무언가를 배울 때 처음과 끝에 배운 내용은 기억하기 쉽지만 중간에 배운 내용은 잊기 쉬운데 이것을 '계열 위치 효과'라고 한대. 처음과 끝은 인상에 잘 남나 봐.

맥락 효과란 무엇일까?

제 3 장 공부할 의욕이 생기는 심리학 — 18

맥락이란 일의 앞뒤 관계를 뜻해.

인간은 앞뒤 내용으로 지레짐작해서 해석한다.

같은 것도 다르게 보인다!

순식간에 판단하는구나.

인간은 항상 주변 상황이나 앞뒤 정보로 일의 의미를 파악합니다. 이것을 **맥락 효과**라고 합니다. 미국의 인지 심리학자 제롬 브루너는 실험을 통해 같은 것도 주어진 맥락에 따라 다르게 보인다는 사실을 알아냈습니다.

브루너는 사람들을 몇 개의 그룹으로 나누고 한 그룹에는 'L·M·Y·A'라는 알파벳을, 다른 그룹에는 '16·17·10·12'라는 숫자를 보여 주었습니다. 그 후 휘갈겨 써서 '13'으로도 보이는 글자 B를 각 그룹에 보여 주고 무슨 글자로 보이는지 물었습니다. 그러자 알파벳을 본 그룹에서는 'B'라고 대답한 사람이 많았고, 숫자를 본 그룹에서는 '13'이라고 대답한 사람이 많았습니다. 이 현상은 **인간이 앞뒤 문맥이나 상황에 따라 같은 것도 다르게 본다**는 것을 의미합니다.

맥락 효과는 글자를 읽을 때만 나타나는 것이 아닙니다. 평소 대화를 나눌 때 말의 이해를 돕고 애매모호함을 줄이는 긍정적인 역할을 하기도 합니다. 하지만 맥락에 따라서는 대화가 어긋나 오해가 생길 수도 있습니다.

용어: 맥락 효과
인물: 제롬 브루너

 왼쪽에 나열된 글자를 가로로 읽느냐, 세로로 읽느냐에 따라 가운데 글자가 'B'로도 보이고 '13'으로도 보여.

뇌가 속는다?

제3장 공부할 의욕이 생기는 심리학

19

뇌는 항상 속는다.

뮐러-라이어 착시 — "아래의 선이 더 짧아."

에빙하우스 착시 — "오른쪽에 있는 가운데 원이 더 커."

철녀 착시 — "평행선들이 기울어져 보이네."

폰조 착시 — "위의 선이 아래의 선보다 더 길어."

나는 절대로 속지 않아!

50

뇌가 실제와 다르게 받아들인다!

두 선의 길이가 같다고? 아무리 봐도 다른데!

제 3 장 공부할 의욕이 생기는 심리학

용어 착시

여러분은 왼쪽 페이지 그림의 첫 번째에 있는 두 선을 보고 어느 쪽이 길다고 생각했나요? 많은 사람이 '위의 선이 길다'라고 생각했겠지만 정답은 '길이가 같다'입니다. 이런 현상을 **착시**라고 합니다.

착시란, 눈이 일으키는 **착각**을 말합니다. **착각은 눈이나 귀 같은 감각 기관에 문제가 없는데도 뇌가 실제와 다르게 받아들이는 현상**입니다.

착시가 일어나는 원인은 대체로 눈의 기능이 아니라 뇌의 활동에 있습니다. 바깥 세계의 사물이 빛에 반사되어 눈에 들어오면 뇌는 그 정보를 형태로 처리합니다. 다시 말해, 인간은 **눈으로 본 정보를 뇌에서 파악**합니다. 잘 알려진 착시는 왼쪽 페이지에 실려 있는, 선이나 도형을 이용한 **기하학적 착시**라고 불리는 것들인데 대부분 19세기에 발견되었습니다.

착시는 대부분 뇌에서 일어나는 현상이라 막을 수 없다고 합니다. 이와 같은 착시를 활용한 게임과 예술 작품도 등장해 많은 사람이 뇌의 착각을 즐기고 있습니다.

 착시는 뇌의 작용 때문에 일어나는 것이므로 경우에 따라서는 눈에 보이는 대로 판단하지 않는 것이 중요할지도 몰라.

20

제3장 공부할 의욕이 생기는 심리학

무력감을 학습한다?

내 능력? 노력 부족?

'안 돼' '틀렸어' '못 해'라고 생각하면

노력할 힘마저 사라진다.

피구하자~
나 운동 싫어해.

개도 무기력을 학습한다!

노력은 보상받나?

제 3 장
공부할 의욕이 생기는 심리학

인간은 노력이 거듭 배신당하면 무엇을 해도 의미가 없다고 생각해 결국 노력하지 않게 됩니다. 이것을 학습된 무력감이라고 합니다. 무력감은 인간뿐만 아니라 개나 쥐 같은 동물도 학습한다고 합니다.

미국의 심리학자 마틴 셀리그만은 개들을 두 그룹으로 나누어 꼼짝 못 하게 한 뒤 한쪽은 여러 번 전기 충격을 가했고, 다른 한쪽은 전기 충격을 가하지 않았습니다. 다음 날 두 그룹의 개들을 각각 상자 안에 넣어 이번에는 똑같이 전기 충격을 가했습니다. 상자는 가운데에 낮은 울타리가 있어 언제든 전기가 흐르지 않는 쪽으로 넘어갈 수 있었습니다. 그러자 전날 전기 충격을 받지 않았던 개들은 곧장 울타리를 넘어 달아났는데, 전기 충격을 받았던 개들은 마음만 먹으면 달아날 수 있는데도 그 자리에 남아 충격을 견뎠습니다. 전날 실험에서 자신이 전기 충격에 무력하다는 사실을 학습했기 때문입니다.

이 실험을 통해 무력감이나 무기력은 타고나는 것이 아니라 경험을 통해 학습되어 몸에 배는 것임을 알 수 있습니다.

용어 학습된 무력감

인물 마틴 셀리그만

 학습된 무력감에 빠지면 입맛이 없어서 몸무게가 줄어들고 기운이 나지 않는 등 몸에 여러 가지 문제가 나타날 가능성이 높아진대.

21 왜 미신을 믿나?

제 3 장 공부할 의욕이 생기는 심리학

할머니가 믿는 미신도, 아이가 치는 꽃점도 서로 관련 없는 일을 관련 있다고 믿는 것.

비둘기도 미신을 믿는다!

오늘은 좋은 일이 생길지도 몰라.

제 3 장 공부할 의욕이 생기는 심리학

용어 미신 행위

인물 벌허스 스키너

'**밤**에 손톱을 깎으면 귀신이 나온다' '감기는 다른 사람에게 옮기면 낫는다'라는 **미신**을 들어 본 적이 있나요? 이런 미신을 연구한 사람으로는 미국의 심리학자 벌허스 스키너가 있습니다.

스키너는 상자에 든 비둘기 8마리에게 15초마다 먹이를 주었습니다. 그러자 8마리 중 6마리가 먹이가 나올 때까지 고개를 까딱이는 무의미한 동작을 반복했습니다. 마침 그 동작을 할 때 먹이가 나왔기 때문이지요. 6마리의 비둘기는 그 무의미한 동작 때문에 먹이가 나왔다고 믿고 그렇게 행동한 것입니다.

스키너는 인간 사회의 미신도 이와 같은 원리로 생긴다고 생각했습니다. 그리고 **서로 관련이 없는 일을 관련이 있다고 믿고 반복하는 비합리적인 행동**을 **미신 행위**라고 했습니다.

심리학에서는 **어떤 행동이 바람직한 결과로 이어졌을 때 그 행동의 횟수를 늘리고 바람직하지 않은 결과로 이어진 경우 그 행동의 횟수를 줄이는 것**을 **조작적 조건 형성**이라고 합니다.

 운동선수가 시합 전에 징크스를 신경 쓰는 것도 미신 행위의 하나라고 할 수 있대.

55

22

제 3 장
공부할 의욕이 생기는 심리학

'기대'를 받으면?

누군가 보고 있으면  열심히 해야 할 것 같아.

누군가의
기대를 받으면
그 기대에
힘입어

성적이
오른다.

기대를 받으면 성과가 오른다!

힘이 되지만 부담도 돼…

용어 피그말리온 효과

인물 로버트 로젠탈

여러분도 누군가의 기대를 받고 의욕이 생겨서 더 열심히 한 경험이 있나요? **누군가의 기대에 보답하려고 노력하는 사이에 저절로 그 기대가 현실로 이루어지는 것**을 **피그말리온 효과**라고 합니다.

미국의 심리학자 로버트 로젠탈은 한 실험을 통해 선생님의 기대가 학생의 학습 성적에 영향을 준다는 사실을 밝혀냈습니다.

실험에서는 초등학생을 성적과 상관없이 A그룹과 B그룹으로 나누었습니다. 그리고 선생님에게 A그룹은 '성적이 오를 아이들', B그룹은 '성적이 나쁜 아이들'이라고 알렸습니다. 8개월 후 선생님이 기대를 했던 A그룹의 아이들은 성적이 올랐습니다.

피그말리온 효과는 선생님의 행동에도 영향을 끼칩니다. 예를 들면 자신이 기대하는 학생은 칭찬하거나 은연중에 좋게 평가합니다. 다시 말해 **기대를 받은 사람만 분발하는 게 아니라 기대를 하는 사람도 무의식중에 자신이 기대하는 사람을 특별하게 대하는 셈**입니다.

 반대로 누구의 기대도 받지 못해서 성과가 떨어지는 것을 '골렘 효과'라고 한대.

의욕을 북돋우려면?

보상으로 불을 붙이고 마음이 타오르기를 기다리자.

시켜서 하면 즐겁지 않아.

숙제 다 하면 케이크 줄게.

'하고 싶어서 하는' 사람이 되자!

어쨌든 해 봐야 할 마음도 생기지.

동기 부여란, 무언가를 위해 행동을 하게 만들고 의욕을 끌어내는 것을 말합니다. 어린아이의 경우 칭찬이나 보상으로 학습 의욕을 끌어올리는 **외재적 동기 부여**가 효과적일 수도 있지만 정말 공부를 좋아하는 아이로 크려면 공부의 의미와 즐거움을 스스로 발견하는 **내재적 동기 부여**가 중요합니다.

미국의 심리학자 마크 레퍼는 그림 그리기를 좋아하는 아이들을 두 그룹으로 나눈 뒤, 그중 한 그룹에만 그림을 그리면 상을 주겠다고 약속했습니다. 그러자 보상이 약속된 그룹의 아이들은 아무 그림이나 마구 그렸고, 얼마 안 가서 스스로 그림을 잘 그리지 않게 되었습니다. 그렇지만 보상이 약속되지 않은 그룹에는 여전히 그림을 그리는 아이가 많았습니다. **상이라는 외재적 동기가 주어지자 스스로 그림을 그리려는 의욕이 떨어진 것**입니다. 이 실험으로 외재적 동기 부여보다 내재적 동기 부여가 더 좋은 결과를 낳았음을 알 수 있습니다.

한편, 일본의 교육 심리학자 하야미즈 도시히코는 아이들이란 외재적 동기에서 내재적 동기를 얻으므로 둘 다 중요하다고 주장했습니다.

[용어] 동기 부여

[인물] 마크 레퍼, 하야미즈 도시히코

 의욕을 유지하는 데는 내재적 동기 부여가 중요하지만, 하고 싶은 것만 골라서 하는 경우도 있대. 균형이 중요한 것 같아.

제 4장
인간의 무서운 습성을 알 수 있는 심리학

자리가 사람을 바꾼다?

24

제 4 장 인간의 무서운 습성을 알 수 있는 심리학

성공하기 전에는 저런 사람이 아니었는데…

주어진 역할에 따라 사람이 변한다.

권력과 익명성이 사람을 바꾼다!

악플을 다는 것도 익명이라 그런가?

용어 스탠퍼드 감옥 실험

인물 필립 짐바르도

'**자**리가 사람을 만든다'는 말을 들어 봤나요? 미국의 심리학자 필립 짐바르도의 스탠퍼드 감옥 실험은 이것을 증명한 실험입니다.

짐바르도는 대학생 21명을 모아 10명에게는 죄수 역할, 11명에게는 교도관 역할을 맡겼습니다. 죄수를 맡은 사람들은 이름이 아닌 번호로 불렸고 발에는 쇠사슬을 채웠습니다. 교도관을 맡은 사람들은 근무복을 입고 표정이 읽히지 않도록 선글라스를 썼습니다.

실험이 시작되자 교도관은 죄수에게 명령하며 엄격한 처벌을 가했습니다. 둘째 날부터는 절반에 가까운 죄수가 분노와 불안을 내비쳤습니다. 이 모습을 지켜보던 짐바르도는 2주 예정이었던 실험을 6일로 줄였습니다.

짐바르도는 **실험이 예상보다 잔인한 결과로 끝난 것은 익명성 때문**이라고 생각했습니다. 교도관 및 죄수의 이름과 얼굴을 숨긴 것이 인간을 악마로 변하게 만든 것이지요. 훗날 짐바르도는 이 실험에서 일어난 현상에 '루시퍼 효과'라는 이름을 붙였습니다.

 이후로도 몇 차례 같은 상황에서 다시 실험이 이루어졌지만 똑같은 결과가 나온 적이 없대. 그래서 이 실험의 신뢰성을 의심하는 연구자도 있나 봐.

모순이 생기면?

마음과 행동이 일치하지 않으면

자신을 속여 무리하게 이해하려고 한다.

생각과 행동을 일치시키고 싶어!

스스로에게 변명하고 있잖아…

용어 인지 부조화

인물 레온 페스팅거

인간에게는 생각과 행동을 일치시키려는 경향이 있습니다. 그래서 생각과 행동이 일치하지 않으면 스트레스를 받는답니다. 그 스트레스를 줄이기 위해 생각이나 행동을 바꾸기도 하지요.

예를 들어, 한 아이가 시험을 망쳐 원하던 학교에 입학할 수 없게 될 경우 아이는 희망과 현실 사이를 좁히기 위해 다음과 같이 생각할 것입니다.

'사실 별로 좋은 학교도 아니었어.'

미국의 심리학자 레온 페스팅거는 이런 현상을 **인지 부조화**라고 표현했습니다. 페스팅거는 실험에서 사람들을 둘씩 짝지었습니다. 그리고 한 명이 지겹고 단순한 작업을 하는 동안 다른 한 명은 '이 작업이 재미있다'라고 거짓말을 하게 했습니다. 거짓말하는 역할을 맡은 사람에게는 보수를 주었는데 어떤 사람은 많이 받고 어떤 사람은 적게 받았습니다.

그러자 보수를 적게 받은 사람이 많이 받은 사람보다 더 열심히 거짓말을 했다고 합니다.

 인지 부조화의 또 다른 사례로 이솝 우화의 '여우와 신 포도'가 유명해. 포도를 따 먹지 못한 여우가 '어차피 시고 떫은 포도일 거야.'라며 자리를 떠난다는 이야기야.

26 다른 사람 의견에 맞춘다?

제4장 인간의 무서운 습성을 알 수 있는 심리학

선분 X와 길이가 같은 것은… 선분 B겠지.

주변 사람과   의견이 다르면

자신감이 떨어져 다른 사람에게 맞춘다.

집단 안에서는 판단이 흐려진다!

나도 모르게 모두에게 맞추고 말았어.

자신은 아니라고 생각했는데 주변에서 모두 맞다고 해 의견을 바꾼 적이 있나요? 이것을 **동조 행동**이라고 합니다.

미국의 심리학자 솔로몬 애쉬는 동조 행동을 연구하기 위해 실험을 했습니다. 주어진 선과 길이가 같은 것을 다른 세 개의 선 중에서 고르게 했습니다. 혼자 고를 때는 틀릴 확률이 0.7%밖에 되지 않는 아주 간단한 실험이었지요. 하지만 7명을 한 팀으로 묶고 6명에게 일부러 틀린 답을 말하게 하자 상황이 달라졌습니다. 나머지 한 명도 6명을 따라 틀리는 일이 잦아져 오답률이 37%까지 올라갔습니다.

이 실험을 통해 **인간은 혼자 있으면 정확히 판단할 수 있으면서도 집단 안에서는 주변에 맞춰 틀린 판단을 할 확률이 높아진다**는 사실이 밝혀졌습니다.

인간이 동조하는 원인으로 다른 사람의 의견을 참고해서 더 정답에 가까워지려는 마음(정보적 동조), 집단 안의 사람들과 좋은 관계를 맺고 싶고 집단의 화합을 깨뜨리고 싶지 않은 마음(규범적 동조)을 꼽을 수 있습니다.

용어: 동조

인물: 솔로몬 애쉬

 7명 중 6명이 틀린 답을 말했을 경우 오답률이 가장 높았고, 6명 중 한 명이라도 맞는 답을 말했을 때는 동조할 확률이 큰 폭으로 떨어졌대.

27

제 4 장 인간의 무서운 습성을 알 수 있는 심리학

우리 편이 최고다?

그저 같은 편이라 좋아하는 거라고?

인간은 자기가 속한 집단을 편애해서

같은 편을 높게, 다른 편을 낮게 평가한다.

같은 편 사람이 매력적이고 우수해 보인다!

심리학에서는 자신이 속한 집단을 **내집단**, 다른 집단을 **외집단**이라고 합니다. 여러분은 같은 반 친구들이 다른 반 친구들보다 똑똑하다고 생각한 적이 있지 않나요? 심지어 자신과 닮은 점이 있다고 느꼈을지도 모릅니다. 이처럼 집단에 대한 소속감 때문에 자신의 집단을 높이 평가하고 자기 동료가 최고라고 생각하는 것을 **내집단 편향**이라고 합니다.

내집단에 대한 소속감이 강할수록 애착과 충성심도 커져 내집단 사람을 좋게 생각하고 높이 평가합니다. 이 때문에 외집단에 대한 편견이나 차별 같은 감정이 생겨 자기 집단과는 다른 집단처럼 보이기도 하는데, 이것을 **외집단 차별**이라고 합니다.

한편, 내집단 안에서도 잘 어울리지 못하는 사람을 동료로 인정하지 않고 배척해 집단의 일체감을 높이려는 심리가 작용합니다. 이것을 **검은 양 효과**라고 합니다. 따돌림도 대체로 이 심리 때문에 일어나는데, 한 번 따돌리는 일이 생기면 계속해서 또 다른 누군가를 검은 양으로 몰아 배척하기 쉽습니다.

 '검은 양 효과'는 흰 양무리에 섞여 든 검은 양이 다른 양들에게 받아들여지지 못하고 배척당한다는 성경 속의 한 이야기에서 나온 개념이래.

선택적 믿음 때문?

그 아이는 아주 착하고…

인간은 보고 싶은 것만 보고 듣고 싶은 것만 듣고 믿고 싶은 것만 믿는다.

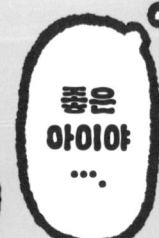
걔 엄청 못됐어.

좋은 아이야….

선택적 믿음이 시야를 좁힌다!

철석같이 믿었는데…

인간은 자신에게 유리한 정보만 받아들이고 불리한 정보는 무시하거나 일부러 모르는 척하는 경향이 있습니다. 이것을 심리학에서는 **확증 편향**이라고 합니다.

혈액형으로 사람의 성격을 판단하는 것도 확증 편향 중 하나입니다. 'A형은 꼼꼼하다'는 확증 편향이 있다고 합시다. 그러면 같은 반의 A형 친구가 깔끔하게 필기한 것을 보고 '역시 A형은 꼼꼼해.'라며 믿음을 굳힐 것입니다. 하지만 다른 반의 A형 친구가 교과서와 노트를 함부로 다루는 것을 보면 '그 애는 예외야.'라며 무시하겠지요.

이처럼 인간은 **알고 있던 사실이 확인되면 안심합니다. 그래서 무의식중에 자기 생각과 일치하는 정보는 쉽게 받아들이고 반대되는 정보는 무시**합니다.

확증 편향에 빠지지 않으려면 누구에게나 확증 편향이 있다는 것을 깨닫고 다양한 각도에서 정보를 수집해야 합니다. 또 자신이 품은 생각이나 아는 정보 이외에 다른 가능성은 없는지 살펴봐야 하지요.

용어: 확증 편향

 참고로, 혈액형별로 성격에 차이가 난다는 주장은 과학적으로 입증되지 않았대.

인간은 왜 잔인해질까?

내가 누군가를 해칠 리가 없어.

아무 생각 없이 명령에 따르면 터무니없이 잔인한 행동을 할 수 있다.

제4장 인간의 무서운 습성을 알 수 있는 심리학

명령이 평범한 사람을 잔인하게 만든다!

아니, 난 그저 하라고 해서…

제4장 인간의 무서운 습성을 알 수 있는 심리학

용어 복종 실험

인물 스탠리 밀그램

제2차 세계 대전 때 유대인 학살의 중심 인물인 아돌프 아이히만은 재판에서 '단지 명령에 따랐을 뿐'이라고 말했습니다. 그로부터 1년 후 미국의 심리학자 스탠리 밀그램은 정말로 명령 하나 때문에 인간이 잔인한 행동을 할 수 있는지 **복종 실험**을 통해 알아보기로 했습니다.

밀그램은 '처벌이 학습에 미치는 효과'를 실험한다고 속여 사람들을 모으고 참여자에게 각각 학생 또는 교사 역할을 맡겼습니다. 그런데 교사를 맡은 사람들만 진짜 참여자고 학생을 맡은 사람들은 실험 도우미였습니다. 밀그램의 지시에 따라 교사 역할을 맡은 사람들은 학생 역할을 맡은 사람들에게 학습 문제를 냈고 틀리면 전기 충격을 가했습니다.

실험 전에는 극도로 강한 전기 충격을 가하는 참여자가 전체의 3% 정도일 것으로 예상했습니다. 하지만 실험 결과 무려 65%의 교사가 명령에 따라 학생에게 극도로 강한 전기 충격을 가했습니다. **명령만 있으면 많은 사람이 잔인해질 수 있다는 사실을 '평범한 사람들'을 대상으로 한 실험이 증명한 셈**입니다.

 이 실험에서 사용된 전기 충격기는 사실 가짜라서 전기 충격이 발생하지 않았대. 학생 역할을 맡은 실험 도우미들이 전기 충격을 받은 것처럼 연기했을 뿐이래.

방관자 효과란 무엇일까?

헉, 큰일 났다. 사람이 쓰러져 있어!

주위에 사람이 있으면 '누군가 돕겠지' 싶어 방관하게 된다.

주변에 사람이 많으면 방관자가 된다고?

아니, 다들 가만히 있길래…

제 4 장 인간의 무서운 습성을 알 수 있는 심리학

용어 방관자 효과

인물 빕 라탄, 존 달리

1964년, 미국 뉴욕에서 한 여성이 살해당하는 사건이 일어났습니다. 여성은 도움을 요청했지만 외침을 들은 38명 중 아무도 돕지 않았고 경찰에 신고하는 사람도 없었습니다. 당시 언론에서는 이 사건을 '도시의 무관심'이라고 보도했습니다. 그렇지만 사회 심리학자 빕 라탄과 존 달리는 **'오히려 사람이 많았기 때문에 아무도 돕지 않았던 게 아닐까?'** 하고 실험을 했습니다.

그들은 '개인적인 문제에 관해 이야기를 나누는 실험'이라고 속여 참여자를 둘 이상씩 그룹을 지어 각각 토론하게 했습니다. 익명성을 지키기 위해 참여자들은 인터폰을 이용했지요. 그런데 토론 도중 한 명이 갑자기 발작을 일으키며 고통스러워했습니다. 사실 그는 실험 도우미였습니다. 이 실험의 목적은 참여자가 얼마나 빨리 그 상황을 보고하는지 관찰하는 것이었습니다.

2명으로 이루어진 그룹에서는 84%의 참여자가 3분 안에 도움을 요청했습니다. 반면, 6명으로 이루어진 그룹은 겨우 31%의 참여자만 도움을 요청했습니다. 이로써 라탄과 달리의 **방관자 효과** 가설이 입증되었답니다.

 도움이 필요한 사람이 보이면, 주위에 사람이 많을수록 먼저 나서서 도와야겠어.

포인트는 '정보의 중요성'

확실하지 않아서 더 이야기하고 싶은 걸까?

학교나 학원에 근거 없는 소문이 퍼진 적이 있나요? 미국의 사회 심리학자 고든 올포트와 레오 포스트먼은 사실임을 입증할 자료가 없는데도 점점 사실처럼 굳어지는 것을 '루머(소문)'라 부르고 'R=i×a'라는 법칙을 이끌어 냈습니다. 이 법칙은 **소문(Rumor)이 정보의 중요함(importance)과 증거의 불확실성(ambiguity)에 비례해 퍼진다**는 것을 나타냅니다.

1973년 일본에서 이 소문의 법칙에 들어맞는 사건이 일어났습니다. 어느 여고생이 신용금고에 취직하게 되어 친구와 통화를 했는데 친구가 농담 삼아 '신용금고는 위험해.'라고 말했습니다. 그러자 순식간에 지역 안에 '그 신용금고 망한대.'라는 소문이 퍼졌고 예금자들은 너도나도 신용금고로 달려갔다고 합니다. 그 바람에 신용금고에서 20억 엔의 예금이 인출되었답니다.

이 소문은 신용금고에 돈을 맡긴 사람들에게 '중요한 정보(i)'였습니다. 또 그 지역에서 금융 기관이 파산한 적이 있었기 때문에 '모호한 증거(a)'가 사실성을 띠게 되었지요. 그래서 눈 깜짝할 사이에 소문이 퍼지고 말았던 것입니다.

 인터넷이 보급되어 소문이 점점 빠르고 광범위하게 퍼지고 있대. 거짓 소문에 속지 않으려면 조심해야겠어.

가짜 기억이 만들어지는 원리!

이제 나 자신을 믿을 수 없어!

제 4 장 인간의 무서운 습성을 알 수 있는 심리학

인간은 **자신이 경험한 일에 대해 잘못된 정보를 접하면 정보에 동화되어 틀리게 기억할 수 있습니다.** 이것을 **가짜 기억**이라고 합니다. 미국의 인지 심리학자 엘리자베스 로프터스는 가짜 기억이 생기는 원리를 밝히기 위해 실험을 했습니다.

모든 실험 참여자에게 자동차 사고가 나는 짧은 동영상을 보여 주었습니다. 그런 다음 일부 참여자에게 '자동차가 박살 났을 때 어느 정도 속도로 달리고 있었나요?'라고 물었습니다. 또 다른 참여자들에게는 '박살 나다'라는 단어 대신 '충돌하다' '부딪히다' 같은 표현으로 물었지요. 그러자 '박살 나다'라는 단어로 질문을 받은 사람은 더 빠른 속도를 말했습니다.

같은 실험에서 로프터스는 '깨진 유리창을 보았나요?'라고도 물었습니다. 그러자 실제로 유리창이 깨지는 장면이 없었는데도 '박살 나다'라는 표현으로 질문을 받은 사람은 '부딪히다'로 질문을 받은 사람보다 '네.'라고 대답하는 경우가 더 많았다고 합니다. 질문에 따라 사람들의 기억이 달라진 것입니다.

용어 가짜 기억

인물 엘리자베스 로프터스

 잘못이 없는데도 억울하게 범인으로 몰리는 일은 대부분 목격자의 잘못된 기억 때문에 일어난대.

제 5 장

행복해지기 위한 심리학

33

제 5 장
행복해지기 위한 심리학

이상적 자아란 무엇일까?

'되고 싶은 나'가 있다는 건 좋은 일이야.

이상 속 나와 현실 속 나의 차이 때문에 고민하고 실망도 한다.

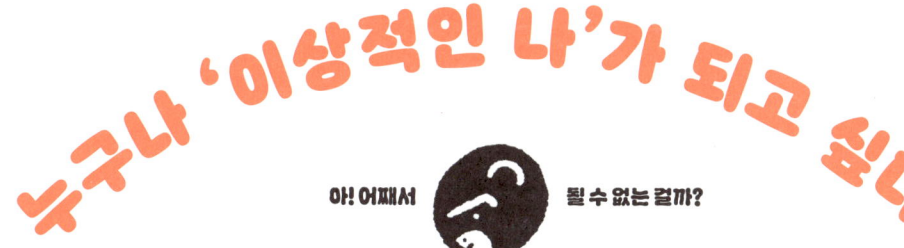

누구나 '이상적인 나'가 되고 싶다!

아! 어째서 될 수 없는 걸까?

제 5 장
행복해지기 위한 심리학

용어 이상적 자아와 현실적 자아

인물 칼 로저스

여러분이 생각하는 '이상적인 나'는 어떤 모습인가요? 악기를 연주할 수 있고 영어를 잘하나요? 인기가 많은가요? 무엇이든 잘하는 자신을 상상할 수도 있지요. 저마다 '되고 싶은 나'가 있는데 미국의 임상 심리학자 칼 로저스는 이것을 **이상적 자아**라고 표현했습니다. 그리고 이상적 자아와 **현실적 자아**(실제의 나)가 크게 차이 나는 사람은 불안정하다고 보았지요.

불안정한 상태에서 벗어나기 위해서는 이상적 자아와 현실적 자아를 일치시키기보다 **이상적 자아를 이루기 위해 노력하면서 현실도 받아들여야 합니다. 이상적 자아를 어느 정도 포기해야만 마음의 균형을 잡을 수 있습니다**.

10대는 자아 정체성이 형성되는 시기이므로 이상적 자아와 현실적 자아의 차이 때문에 고민하는 것이 당연합니다. 이상적 자아를 실현하려는 의지가 싹틀 수 있으므로 이상과 현실의 차이를 느끼는 것은 성장에 보탬이 됩니다.

마음의 평화를 위해 때로는 이상과 현실을 타협할 필요도 있지만, 성장을 위해서는 이상과 현실의 차이를 좁히려고 노력하는 일도 중요하답니다.

 내가 바라는 나와 가족·연인 등이 기대하는 나가 다른 것도 갈등의 원인이 된대. 그런 상태를 '자기 불일치'라고 한대.

마음의 병이 있다?

요즘 뭔가 이상해.

우울증은 뇌에 문제가 생긴 병으로 고민과 불안에 사로잡힌다.

10명 중 1명이 우울증에 걸린다!

피곤한데 잠이 안 와.

우울증이라는 마음의 병을 알고 있나요? 우울증은 **감정을 쉽게 조절할 수 없는 상태가 지속되는 기분 장애** 중 하나입니다. **뇌의 신경 전달 물질(세로토닌 등)이 줄어들어 생긴다**고 알려져 있지요. 우울증 중에서도 가장 흔히 겪는 것이 **주요 우울 장애**로 10명 중 1명 정도가 경험한다고 합니다.

우울증에 걸리면 기분이 가라앉고 어떤 것에도 흥미나 기쁨을 느낄 수 없습니다. 그리고 수면 장애, 식욕 저하나 증가, 집중력 저하, 나른함이나 피로, 두통, 어깨 결림 같은 증상이 나타나기도 합니다.

우울증이 생기는 원인은 저마다 다른데 가까운 사람의 죽음, 인간관계의 문제 등 환경적인 것이 많습니다. 또 지나치게 꼼꼼하거나 완벽주의, 스트레스에 약함 등 성격적인 것일 수도 있고 유전이나 우울증 이외의 질병 등도 원인이 될 수 있습니다.

우울증 치료는 약에 의한 **약물 치료**와 상담에 의한 **심리 치료**가 중심이지만 몸과 마음을 푹 쉬는 것도 중요한 치료법 중 하나랍니다.

용어 우울증

 주요 우울 장애를 앓는 사람은 여성이 남성보다 2배 정도 많대.

35 마음을 잘 다루는 사람들이 있다?

제 5 장 행복해지기 위한 심리학

이렇게 많은 직업이 있구나.

마음을 보살피는 직업에 상담심리사, 정신과 의사 등이 있다.

- 정신과 의사
- 신경과 의사
- 정신건강 사회복지사
- 임상심리사
- 의료 기관

- 상담심리사
- 학교

- 심리학자
- 대학

- 분류심사관
- 소년 분류 심사원

- 가정법원 조사관
- 법원

마음에 관한 직업이 있다!

마음 전문가에게 물어보는 게 좋겠어.

제 5 장 행복해지기 위한 심리학

인간의 마음을 보살피는 직업 중에는 **상담심리사**와 **정신과 의사**가 있습니다. 상담심리사는 임상심리사와 마찬가지로 '마음'에 관한 국가 자격 중 하나입니다. 그리고 정신과 의사는 의사 직종 중 하나로 국가 자격인 의사 면허가 있어야 활동할 수 있답니다.

상담심리사는 심리학 지식과 기술을 바탕으로 상담을 진행합니다. 한편으로 마음 건강에 관한 지식을 널리 알리기 위해 교육을 실시하고 정보를 제공하기도 합니다. 상담심리사의 일터는 병원이나 진료소, 아동 상담소나 기업의 건강 관리실 등입니다. **학교 상담사**로서 학교에서 일하는 경우도 많습니다.

정신과 의사는 **정신 의학** 지식을 활용하여 의료 행위를 합니다. 정신 질환(마음의 병)에 걸린 환자를 진단하고 치료하지요. 주로 병원이나 진료소에서 일하지만 지방 자치 단체의 정신건강 복지센터나 기업의 산업 의사(보건의)로 근무하는 경우도 있습니다. 상담심리사와 정신과 의사는 전혀 다른 직업이지만 둘 다 중요한 분야랍니다.

용어: 상담심리사 / 정신과 의사

 정신과 의사는 주로 몸이 아닌 마음의 병을 앓는 사람을 돌봐.

인지 치료란 무엇일까?

마음에도 유형이 있어.

사물을 보는 방식이나 생각을 고쳐 안정시키는 마음 치료법이 있다.

잘못된 인지를 바로잡는 치료

반복되는 패턴을 이해하고 받아들이자.

제 5 장 행복해지기 위한 심리학

36

용어 인지 치료

인지 치료는 **사물에 대한 환자의 시각이나 생각(인지)을 바로잡아 마음을 안정시키는 심리 치료법**입니다. 현재는 행동에 초점을 맞춰 문제를 해결하는 **행동 치료**를 더해 **인지 행동 치료**라고 불리기도 하지요.

인지 치료에서는 환자의 마음을 불안하게 만드는 원인으로 **인지의 왜곡**에 주목합니다. 잘못된 인지를 올바르게 바꿔 나가면 불안감 등의 증상을 해소할 수 있습니다. 인지 치료는 특히 **우울증**을 치료하는 데 효과적이며 **불안 장애**나 **불면증**, **섭식 장애**, **조현병** 등의 **정신 질환**을 비롯해 알코올이나 약물 의존 등을 치료하는 데도 효과적인 것으로 입증되었답니다.

인지 치료 말고도 400가지가 넘는 심리 치료법이 있는데, 여러 이론과 기법을 치료에 활용하려는 움직임이 활발하게 일어나고 있습니다.

사회가 복잡해지면서 마음에 이상이 생기거나 스트레스를 받는 이유도 복잡해졌습니다. 앞으로 심리 치료 전문가는 심리적인 면의 전문성뿐만 아니라 생물학적, 사회적 분야의 시각과 지식도 길러야 할 것입니다.

 일본에서 탄생한 심리 치료법으로 모리타 치료와 나이칸(마음 살피기) 치료라는 것이 유명해. 불교나 선(禪) 사상 같은 전통적인 일본 문화가 짙게 반영되어 있대.

마음챙김이란 무엇일까?

37
제 5 장
행복해지기 위한 심리학

어수선한 마음을 달래고 싶다면

심리 치료법, 생활의 질을 높이는 마음챙김은 마음의 병을 고치고

근심 / 불안 / 호흡

서양 기법과 동양 사상의 융합

한번 시도해 보자.

마음챙김이란, **심리학적 치료법 중 하나**로 미국 매사추세츠대학교의 존 카밧진이 **스트레스를 줄이기 위해 만든 프로그램**입니다. 서양의 심리 치료법과 동양의 불교 철학 사상을 조합한 것으로 스트레스를 줄이고 불면이나 피로, 두통 등을 완화하며 불안이나 우울 등을 치료합니다. 나아가 건강한 사람의 생활도 개선하는 효과가 있는 것으로 알려졌습니다. 영어로 마인드풀니스(mindfulness)라고 하는데 '정신을 집중한다'는 뜻입니다. 기본 치료법으로 요가와 명상을 내세우는 것이 특징이지요. 카밧진은 일본의 불교 철학자 스즈키 다이세쓰가 제시한 선 사상의 영향을 받았습니다. **불교를 단순한 종교가 아닌 인간의 고민을 해결할 정신과학이라고 여겨 심리 치료**에 응용했지요.

여러분도 마음챙김에 도전할 수 있습니다. 방석 위에 책상다리를 하고 앉아 5분 동안 숨을 들이쉬고 내쉬어 보세요. 자신의 호흡에만 모든 의식을 집중하고, 주의가 흐트러지려고 하면 다시 자신의 호흡으로 의식을 돌립니다. 이 과정을 매일 습관적으로 반복하기만 해도 마음챙김을 실천하는 셈입니다.

 마음챙김 명상은 길을 걸을 때나 음식을 먹을 때나 자신의 동작과 감각에 의식을 집중하면 실천할 수 있대.

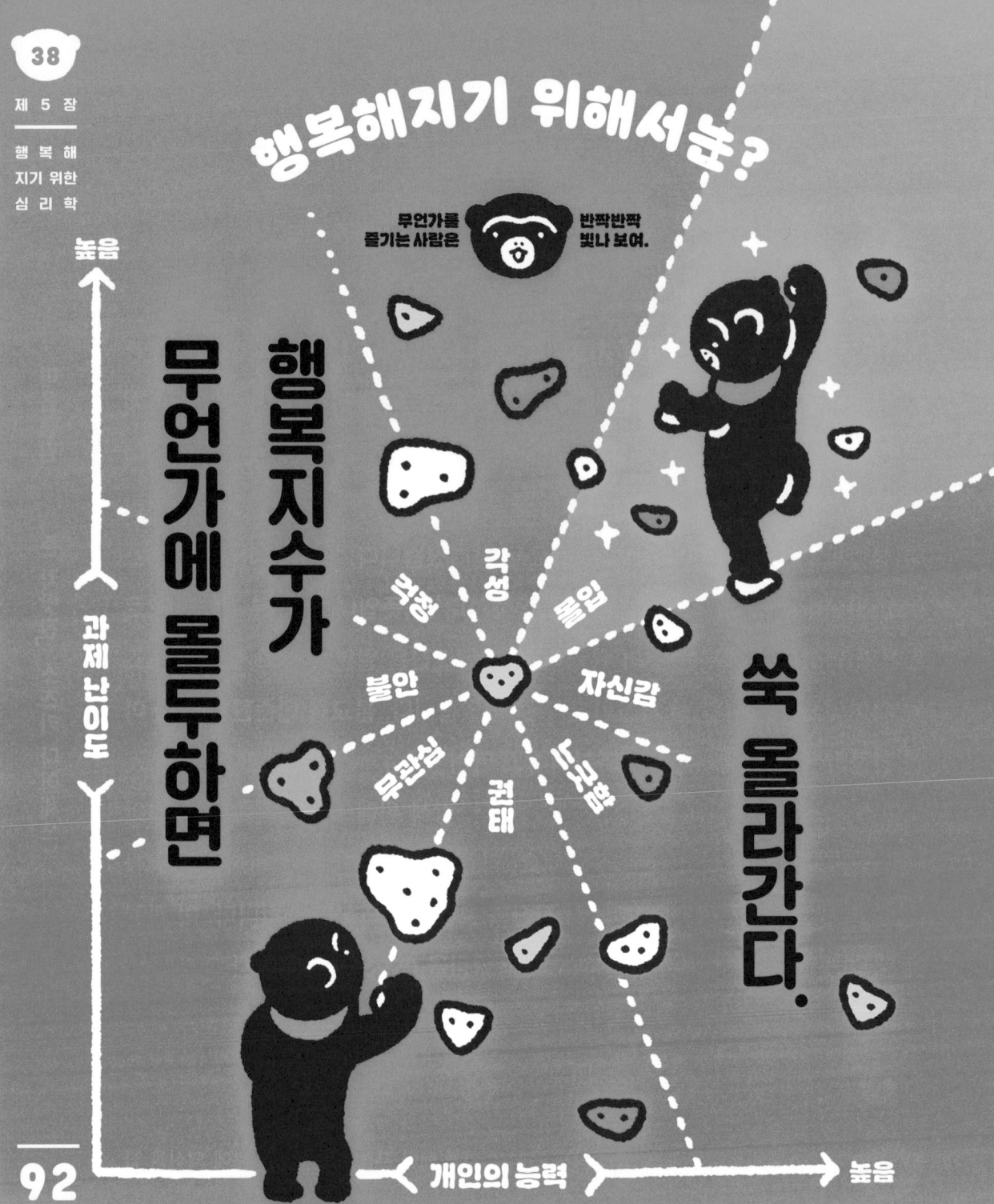

'집중'으로 인생을 알차게!

알맞은 난이도를 찾는 것이 성공의 열쇠

제 5 장 행복해지기 위한 심리학

[용어] 몰입

[인물] 미하이 칙센트미하이

게임이나 운동, 독서나 공부 등에 집중하느라 시간 가는 줄도 몰랐던 적이 있나요?

헝가리 출신의 미국 심리학자 미하이 칙센트미하이는 **무언가에 깊이 빠져 자기가 누군지도 잊은 상태에서 높은 집중력을 발휘하고 큰 만족감을 느끼는 것을** 몰입(Flow)이라고 했습니다.

몰입 상태에 빠진 사람은 눈앞에 있는 한 가지에만 집중하느라 자의식이 흐려져서 자신이 어떤 상태인지, 남들 눈에 어떻게 보이는지 신경 쓰지 않습니다. 시간 감각도 잃고 맙니다. 운동선수가 평소보다 높은 실력을 발휘했을 때 '흐름을 탔다'라고 하는데 그것과 같은 상태라고 생각하면 됩니다.

몰입은 누구나 경험할 수 있습니다. 칙센트미하이는 몰입 상태에 빠지기 위한 조건으로 '달성 목표가 있을 것' '과제 난이도가 적절할 것' '피드백(평가)이 있을 것'의 3가지를 꼽았습니다. 최근에는 삶을 알차고 행복하게 만드는 방법으로 몰입이 주목을 받고 있답니다.

 칙센트미하이는 내재적 동기를 연구하다가 '몰입'이라는 개념을 발견했대.

주요 참고 도서

<최신 심리학 사전>(헤이본샤)

<심리학 사전>(유히카쿠)

<심리학>(유히카쿠)

<도해 심리학 용어 대전>(세이분도신코샤)

<심리학 비주얼 백과>(소겐샤)

<도감 심리학>(뉴턴프레스) 등

찾아보기

R=i×a ········· 77	망각 곡선 ········· 47
가짜 기억 ········· 79	맥락 효과 ········· 49
감각 기억 ········· 43	모라토리엄 ········· 31
검은 양 효과 ········· 69	몰입 ········· 93
기분 장애 ········· 85	무의식 ········· 37, 39
기억 ········· 43, 45, 47	문장 완성 검사 ········· 29
꿈 분석 ········· 39	미네소타 다면적 인성 검사 ········· 29
내재적 동기 부여 ········· 59	미신 행위 ········· 55
내집단 ········· 69	방관자 효과 ········· 75
내집단 편향 ········· 69	복종 실험 ········· 73
단기 기억 ········· 43, 45	빅 파이브 검사 ········· 29
단순 노출 효과 ········· 11	빅 파이브 이론 ········· 27
도어 인 더 페이스 ········· 17	뿔 효과 ········· 19
동기 부여 ········· 59	사적인 공간(퍼스널 스페이스) ········· 15
동조(동조 행동) ········· 67	상담심리사 ········· 87
로르샤흐 검사 ········· 29	생애 주기 ········· 33
로우 볼 ········· 17	서술 기억(선언적 기억) ········· 43
루머(소문) ········· 77	설득 ········· 17
루시퍼 효과 ········· 63	성격 ········· 23, 25, 27, 29
마법의 숫자 7±2 ········· 45	성격 검사 ········· 29
마음챙김 ········· 91	스탠퍼드 감옥 실험 ········· 63

심리 치료	85, 89, 91	정신 의학	87
심리 치료법	89	정신 질환	89
암흑 효과	13	정체성(자기 동일성)	31, 33
약물 치료	85	정체성 혼미	31
억압	37	조작적 조건 형성	55
역할 실험	31	주요 우울 장애	85
외재적 동기 부여	59	주제 통각 검사	29
외집단	69	질문지법	29
외집단 차별	69	착시	51
욕구 단계설	35	청크	45
우울증	85, 89	투영법	29
우치다-크레페린 검사	29	트라우마	37
유전	23	특성론	27
유형론	25	풋 인 더 도어	17
의식	37	피그말리온 효과	57
이상적 자아	83	피험자	11
인지 부조화	65	학교 상담사	87
인지 치료(인지 행동 치료)	89	학습된 무력감	53
일관성의 원리	17	행동 치료	89
작업 검사법	29	현실적 자아	83
장기 기억	43	확증 편향	71
전의식	37	환경	23
절차 기억	43	후광 효과	19
정신과 의사	87	흔들다리 효과	13

　세상은 늘 변화합니다. 새로운 과학 기술의 발명은 우리 생활을 풍요롭게 하고, 새로운 예술과 사상의 발전은 우리 마음을 풍요롭게 합니다.

　하지만 지금은 모두가 믿을 수 있는 '무언가'를 찾기 힘든 시대가 되었습니다. 또 사람들 사이의 격차가 벌어지고 생각의 차이가 좁혀지지 않아 다툼이 끊이지 않는 상황이기도 합니다.

　이런 세상의 진보와 과제를 마주하고 우리 생활을 조금이라도 개선하기 위해 노력하는 것이 학문입니다.

　'일러스트 교양 도감' 시리즈는 아이부터 어른까지 모두가 학문을 교양으로 즐길 수 있도록 만들었습니다. 여러분이 일상 생활을 하는 데 조금이라도 힌트를 얻기 바랍니다. 학문이라는 말을 들으면 연구자들이 대학에서 공부하는 '어려운 것'을 떠올리는 사람도 많겠지요. 그러나 '일러스트 교양 도감'은 말 그대로 알기 쉬운 문장에 일러스트를 곁들여 누구나 쉽게 이해할 수 있도록 구성했습니다.

　독자 여러분 중에는 아직 어린 친구들도 많을 것입니다. 그런 분이라면 앞으로 초등학교와 중학교, 고등학교에서 공부한 내용이 학문을 배우고 익혀 활용하는 데 도움이 된다고 생각하며 이 책을 읽기 바랍니다. 학문은 '왜 학교에 다닐까?' '공부해서 어디에 쓸까?'라고 생각한 적이 있는 사람에게 하나의 해답이 될 것입니다.

그리고 분명 대학생이나 성인 독자도 있을 것입니다. 그런 분은 지식을 쌓아가는 기쁨을 경험하고 내일부터 생활에 학문을 적용하기 바랍니다. 이 책에서 배운 내용 중에는 생활과 별로 관련이 없는 것도 있을지 모릅니다. 하지만 '생활에 적용한다'는 것이 반드시 생활이 편리해지는 것을 의미하지는 않습니다. 학문을 배우고 익혀 교양이 점점 쌓이면 마음이 풍요로워지고, 다른 사람과의 대화에도 깊이가 생길 것입니다.

학문에 관심 있는 모든 분이 이 책을 통해 희망과 꿈을 가지고 설레는 인생을 살았으면 좋겠습니다.

- 당신이 찾는 것은 여기에 있다(*quod petis hic est*)

편집부

옮긴이 정혜원

동국대학교에서 서양화를 공부하고 이화여자대학교 통번역대학원에서 한일 번역을 공부했습니다. 현재 출판 번역 에이전시 유엔제이에서 프리랜서 번역가로 일하면서 독립 출판물을 만들고 그림을 그리고 있습니다. 《실험 쥐 구름과 별》을 쓰고 그렸으며 《망각 탐정 시리즈》, 《정체》, 《보이는 노트 비즈니스 명저 100》, 《하루 한 권, 화학 열역학》, 《만화로 배운다! 디즈니 청소의 신이 가르쳐 준 것》, 《하루 한 권, 유전공학》, 《하루 한 권, 곤충》, 《동물 윤리의 최전선》 등을 옮겼습니다.

어린이 심리학

2025년 2월 28일 초판 1쇄 발행

감수 오시오 아쓰시(小塩眞司) **그린이** 모도로카 **옮긴이** 정혜원 **펴낸이** 김병준
펴낸곳 (주)지경사 **주소** 서울특별시 강남구 논현로 71길 12 **전화** 02)557-6351(대표) 02)557-6352(팩스)
등록 제10-98호(1978. 11. 12)

ILLUST GAKUMON ZUKAN KODOMO SHINRIGAKU
© Atsushi Oshio 2024
All rights reserved.
Original Japanese edition published by KODANSHA LTD.
Korean translation rights arranged with KODANSHA LTD.
through EntersKorea Co., Ltd.

이 책의 한국어판 저작권은 (주)엔터스코리아를 통해 저작권자와 독점 계약한 (주)지경사에 있습니다.
저작권법에 의하여 한국 내에서 보호를 받는 저작물이므로 무단전재와 무단복제를 금합니다.

편집 책임 한은선 | **국내 디자인** 이수연
ISBN 978-89-319-3461-8 73180

• 잘못 만들어진 책은 구입하신 곳에서 바꾸어 드립니다.